Inhalt

Stammzellen - Wahlkampfthema in Deutschland und Italien

GENIOS BranchenWissen Nr. 06/2005 vom 27.06.2005

Stammzellen - Wahlkampfthema in Deutschland und Italien

Autor GENIOS BranchenWissen: A.Schneider

Kernthesen

- Bundeskanzler Schröder macht mit seinem Plädoyer für eine Lockerung des Embryonenschutzgesetzes die bioethische Debatte zum Wahlkampfthema.
- In Italien scheitert die Liberalisierung der strengen "Legge 40" zur Bioethik und künstlichen Befruchtung an mangelnder Wahlbeteiligung.
- Das Robert-Koch-Institut in Berlin erteilt die zehnte Genehmigung für Experimente mit menschlichen embryonalen Stammzellen.

Beitrag

Bundeskanzler Schröder erhob mit seinem Plädoyer für eine Lockerung des Embryonenschutzgesetzes die bioethische Debatte um Stammzellenforschung zum Wahlkampfthema. In Italien scheiterte erst kürzlich die Liberalisierung der “Legge 40” zur Bioethik und künstlichen Befruchtung an mangelnder Wahlbeteiligung.

Kerndiskussion der Stammzellenforschung

In der weltweiten Debatte um die embryonale Stammzellenforschung findet sich eine Vielfalt von Interessen und Meinungen in Wissenschaft, Wirtschaft, Politik, Theologie, Philosophie, Ethik und Bevölkerung. Die Kernfrage ist, ob Embryonen als Menschen zu betrachten sind und einen strengen gesetzlichen Schutz genießen sollen. Denn: Um sogenannte “Linien” embryonaler Stammzellen als medizinische Studienobjekte oder zur Gewebezucht zu gewinnen, müssen zuerst wenige Tage alte, menschliche Embryonen im Reagenzglas abgetötet werden. Solche Embryonen können - aus wissenschaftlicher Sicht - entweder bei der künstlichen Befruchtung übrig bleiben und der

Wissenschaft zur Verfügung gestellt werden oder aber gezielt erzeugt werden, etwa durch das Klonverfahren. (1)
Diesen Bedenken steht das möglicherweise hohe positive Potenzial der Stammzellenforschung gegenüber: Die Wissenschaftler erhoffen sich unter anderem eine Heilung von Querschnittslähmung sowie die Möglichkeit, zerstörte Organe nachwachsen zu lassen. (2)

Europaweit lediglich Rechtsrahmen gesteckt

Die Europäische Union hat mit der Richtlinie 90/219 EC für einen europaweit gleichen Rechtsrahmen gesorgt. Die Umsetzung in nationales Recht ist dennoch von Land zu Land verschieden.
Die deutschen Gesetze, die 2002 vom Bundestag verabschiedet wurden, verbieten das Klonen von Embryos zu Forschungszwecken. Embryonen im Reagenzglas dürfen nur zum Zweck der Fortpflanzung gezeugt werden. In Deutschland darf lediglich an einigen embryonalen Stammzelllinien geforscht werden, die vor dem 1. Januar 2002 gewonnen wurden. Ziel dieser Stichtagsregelung ist es, einer Nutzung immer neuer Embryonen zu Forschungszwecken vorzubeugen. Deutsche Forscher

importieren seither aus Amerika und anderen Ländern Stammzellen, die vor dem Stichtag gewonnen worden sind. (1), (3)

Weitere sieben Länder der EU, darunter Italien, haben ebenso strenge Gesetze. Nur Großbritannien, Schweden, Belgien und demnächst vielleicht auch Spanien erlauben das Forschungsklonen.

In Südkorea, den USA, Israel oder Australien ist weitergehende Forschung möglich. (4), (5)

Stammzellen im Wahlkampf

In den letzten Wochen ist in Deutschland und Italien ein regelrechter "Wahlkampf" um die Stammzellenforschung entbrannt.

Italien: uneins und unentschieden

Der in Italien am 12. und 13. Juni mit hohen Emotionen ausgetragene Wahlkampf um die "Legge 40", eines der restriktivsten Gesetze zur Bioethik und künstlichen Befruchtung in Europa, ging ernüchternd zu Ende. Er scheiterte (erwartungsgemäß?) an mangelnder Wahlbeteiligung. Nur 26 Prozent der rund 44 Millionen wahlberechtigten Italiener outeten sich durch ein klares “ja” oder “nein”. Die überwiegende Mehrheit enthielt sich. Ob aus mangelndem Interesse, aus Politikverdrossenheit, aus Überfordertsein angesichts der medizinisch-wissenschaftlich-moralisch-menschlichen Komplexität des Themas, aus Bequemlichkeit, aus Nichtbetroffensein, aus Papsttreue das weiß nur jeder einzelne. Vielleicht war ja auch das Wetter zu gut oder zu schlecht, um zur Wahl zu gehen.Uneins und unentschieden war Italiens Volk. Uneins und unentschieden waren auch die politischen Parteien. Und nicht einmal Silvio Berlusconi sah sich in der Lage, eine Entscheidung zu treffen und äußerte sich nicht. Na, und wenns nicht mal der Ministerpräsident weiß (8)

Nach dem bestehenden Gesetz ist die künstliche Befruchtung nur bei Ehepaaren oder fest zusammenlebenden heterosexuellen Paaren erlaubt. Das Material zur Befruchtung mit Ei- oder Samenzellen muss von dem Paar selbst stammen, nicht von Dritten oder aus Samenbänken. Es dürfen maximal drei Eizellen im Reagenzglas befruchtet werden, eine Untersuchung etwa auf Gendefekte ist untersagt. Das Einfrieren von Embryonen, die laut Gesetz bereits die Rechte eines menschlichen Wesens haben, ist nicht zulässig. Die Forschung an embryonalen Stammzellen ist verboten. Bei einer

Mehrheit der Ja-Stimmen hätten diese Klauseln aufgehoben werden müssen. Die künstliche Befruchtung und Embryonenforschung wäre dadurch liberalisiert worden.

Für eine Lockerung warben die rabiate Bürgerrechtspartei der Radikalen als Initiator des Gesetzes, Vertreter der entsprechenden Sparten der Industrie, Frauengruppen, liberale Bürgerverbände, die Kommunisten sowie die exkommunistische Linke. Der prominente Krebsforscher und Exminister Veronesi trat in vorderster Front für das Recht auf medizinische Versuche an Stammzellen ein.
Gegen eine Lockerung stellte sich die katholische Kirche: die römischen Bischöfe und der Papst selbst riefen zum Boykott auf. Die einstige Parlamentspräsidentin und derzeitige Fernsehmoderatorin Irene Pivetti beklagte gar, selbst das bestehende Gesetz sei ihr als Gegnerin jedweder künstlichen Befruchtung noch zu lax.

Die "Legge 40" war eine Reaktion auf gewisse Exzesse in der italienischen Fortpflanzungsmedizin. So hatten Ärzte Frauen im Alter von mehr als 60 Jahren zu Schwangerschaften verholfen - in einem Fall mit dem tiefgefrorenen Samen eines seit langem gestorbenen Mannes. Zudem verkündeten italienische Mediziner, als erste in der Welt Menschen klonen zu wollen.
Weiterführend: (21), (22), (23), (24), (25), (26), (27)

Deutschland: rot gegen grün, schwarz gegen gelb

Auch in Deutschland herrscht in der aktuell neu entflammten Diskussion um die Stammzellenforschung Uneinigkeit. Zwar ist die "Lagerordnung der Bioethik" (9) nicht komplett, aber tendenziell sind SPD und FDP einer Lockerung der bisherigen strengen Regeln freundlicher gesonnen, CDU/CSU und Grüne stellen sich dagegen.

SPD

: Schröder hatte anlässlich der Eröffnung eines Zentrums für molekulare Biowissenschaften und der Verleihung der Ehrendoktorwürde an ihn einen Vorstoß für die Liberalisierung der Forschung mit Stammzellen in Deutschland unternommen. Solange die Chance bestehe, Leiden zu lindern und noch unheilbare Krankheiten bekämpfen zu können, gebe es die Pflicht, die Forschung sowohl der adulten wie der embryonalen Stammzellen zu nutzen. Der Kanzler hat volle Rückendeckung und Unterstützung von Clement, trifft aber auch bei seinen Genossen auf

Widerstand. (10)

Grüne:

Künast & Co. äußern starke ethische Bedenken gegen eine Lockerung der deutschen Gesetze zur Stammzellenforschung und halten die bisherigen Regelungen für angemessen. Ob wohl jüngste Äußerungen pro Liberalisierung von Daniel Cohn-Bendit einige Grüne zum Nachdenken anregen? (11)

CDU/CSU

: Die Union will zwar der Biotechnologie staatliche Rückendeckung geben, sie nicht mit Forschungs- und Anwendungsverboten hemmen und die Gentechnik in der Landwirtschaft stärker einsetzen. In Sachen Embryonenschutz und Stammzellenforschung fährt sie aber einen strengen Kurs. Totale parteiliche Geschlossenheit scheint auch hier nicht zu herrschen: Auf Europaebene gibt es auch anders lautende Meinungen. Und ob die Kanzlerkandidatin Angela Merkel diesen Kurs voll und ganz fährt, bleibt derzeit noch ein Rätsel, da sie sich noch nicht festgelegt hat. (1), (12), (13), (14)

FDP:

Westerwelle geht am weitesten. Er tritt für eine liberale Biopolitik, für eine Abschaffung der Stichtagsregelung und für das therapeutische Klonen ein. Im August, also in der Hochphase des Wahlkampfes, will die FDP-Bundestagsfraktion einen weiteren Gesetzentwurf vorlegen, der die weitgehende Abschaffung des bisherigen Embryonenschutzes und sogar das Klonen zu medizinischen Zwecken erlauben würde. (3)

Der Papst dagegen, das Volk dafür?

In Italien und in Deutschland ließen Papst und Bischöfe wissen, dass eine liberale Stammzellenforschung mit ihnen nicht zu machen sei. Sie widerspreche dem biblischen Menschenbild, das jede Instrumentalisierung menschlichen Lebens ausschließe. Die deutsche Bevölkerung scheint liberaler. Eine Umfrage der Forschungsgruppe Wahlen im Auftrag des ZDF-Magazins "Frontal 21" ergab, dass 40,6 Prozent der Bundesbürger für eine Lockerung der gesetzlichen Regelungen sind. 28,3 Prozent sind demnach dagegen, der Rest ist unentschieden. Vor allem Männer (49,9 Prozent) befürworten eine Liberalisierung, während Frauen der Stammzellenforschung kritischer gegenüberstehen. (15)

Pro und Contra Lockerung der aktuellen Gesetzgebung

Verlockend

Die embryonale Stammzellenforschung lockt langfristig mit neuen Ansätzen zur Therapie unheilbarer Krankheiten wie Diabetes, Alzheimer, Parkinson, Krebs oder Multiple Sklerose. (3), (4)
Die Befürworter einer Lockerung der aktuellen strengen Gesetzgebung in Deutschland warnen davor, dass wir andernfalls international den Anschluss an die Fortschritte in der Bio- und Gentechnik verlieren. Die Stichtagsregelung koppele deutsche Forscher von den neuen, leistungsfähigeren Zellkulturen ab, die in der ganzen Welt in Umlauf gebracht werden. (1), (15), (10)
Die deutsche Gesetzgebung motiviere deutsche Forscher, sich im Ausland an Arbeiten mit bestehenden Stammzellen zu beteiligen und dort

Kollegen anzustiften, embryonale Stammzellen zu gewinnen. (3)

und abschreckend

Die Gegner äußern ethische Bedenken und befürchten, dass das sogenannte therapeutische Klonen zur Ausbeutung der Frauen in ärmeren Ländern als Eizellspenderinnen führt. (16), (17) Noch bewegt sich die Wissenschaft in der Grundlagenforschung und kämpft dort mit gravierenden Problemen, wie zum Beispiel die krebsartige Entartung der embryonalen Stammzellen. Es ist unklar, ob das therapeutische Klonen jemals seine Versprechungen einlösen könne. (17), (16), (5) Abschreckend wirken auch die Medikamentenskandale der Biotechnologie der jüngsten Vergangenheit. Paradebeispiel ist der amerikanische Pharmakonzern Merck & Co., der viele vielversprechende Forschungsprojekte einstampfte und einen wichtigen Umsatzträger, das Schmerzmittel Vioxx, vom Markt nehmen musste. (18)

Fazit

Die positiven Aussichten der Stammzellen- und Embryonenforschung sind ohne Zweifel verlockend. Durchaus nachvollziehbar ist daher die Einstellung von Bundeskanzler Gerhard Schröder: "Solange die Chance besteht, heute noch unheilbare Krankheiten bekämpfen zu können, haben wir die Pflicht, diese Forschung zu nutzen."
Andererseits: Bei der Embryonenforschung geht es um essentielles, nämlich um den Menschen. Dürfen wir alle Möglichkeiten ausschöpfen, die sich uns bieten, um das Leben und die Zukunft des Menschen zu verbessern? Dürfen wir darauf setzen, dass alle Beteiligten verantwortungsvoll mit Potentialen und Ergebnissen der Forschung umgehen? Dürfen wir darauf vertrauen, dass die Menschenwürde und der Schutz des Lebens eines Tages den Verlockungen der Macht des Klonens anheim fallen?

Fallbeispiele

In Deutschland aktuell zehnte Genehmigung erteilt

Der Rechtslage entsprechend wird in Deutschland restriktiv mit der Genehmigung für Forschungsprojekte mit embryonalen Stammzellen verfahren. Zuständig ist das Robert-Koch-Institut in Berlin. Die zehnte Genehmigung ging kürzlich an Oliver Brüstle vom Institut für Rekonstruktive Neurobiologie des Bonner Universitätsklinikums. In dem Projekt sollen die Vermehrung der Stammzellen standardisiert und neue Verfahren erarbeitet werden, mit denen bestimmte Typen von Nervenzellen und Nervenvorläuferzellen in besonders hoher Reinheit gewonnen werden können. Diese ist Voraussetzung für eine mögliche spätere Anwendung in der Zellersatztherapie. (6)
Insgesamt zehn solcher Projekte hat das Robert-Koch-Institut in Berlin bislang genehmigt. Die Forscher müssen in ihren Anträgen die Wichtigkeit ihres Vorhabens belegen und nachweisen, dass es zur Arbeit mit embryonalen Stammzellen keine Alternative gibt.

ProteoSys, bislang einziges deutsches Unternehmen in der Stammzellenforschung

Das bislang einzige kommerzielle Unternehmen, das in Deutschland mit embryonalen Stammzellen arbeitet, ist die Mainzer Biotech-Firma ProteoSys. Ziel ist die Entwicklung neuer Testverfahren, um herauszufinden, ob ein Arzneimittel Risiken für Schwangere und ihre ungeborenen Kinder birgt. In drei bis fünf Jahren wird mit ersten marktreifen Produkten gerechnet. (7)

Weltgrößter Biotech-Konzern Amgen

Amgen misst der Zukunft der Stammzelltherapie große Bedeutung bei und hat großes Interesse an dem gesamten Gebiet. Es wurden daher strategische Investitionen in Firmen getätigt, die sich für solche Dinge interessieren. In die Forschung mit embryonalen Stammzellen steigt Amgen selbst zwar voerst nicht ein, allerdings erhielt beispielsweise die Firma Viacell 2004 von Amgen eine finanzielle Unterstützung von über 20 Mio. $ für seine Stammzellforschung.(28)

Stammzellen unter der Lupe

Unter http://www.br-online.de/wissen-bildung/thema/stammzellen/gesetz.xml stellt br-online unter “Wissenschaft im Radio” vieles Wissenswertes und weitere Links zum Thema “Stammzellen” vor. (19)

Südkorea erzielt bereits Erfolge

Forschern in Südkorea war es kürzlich erstmals gelungen, embryonale Stammzellen von Kranken zu klonen. Das eigentlich Neue bestand darin, dass sie zur Herstellung eines geklonten Embryos nicht mehr 200 menschliche Eizellen, sondern “nur” 14 brauchten. Weiterführend: (20) , (17)

Zahlen & Fakten

Embryo

Ein Embryo ist ein menschliches Lebewesen in der Frühphase seiner Entwicklung.

Stammzellen embryonale Stammzellen adulte Stammzellen (2), (17)

Stammzellen sind teilungsfähige Körperzellen, die noch nicht ausdifferenziert sind. Das heißt, sie liegen noch nicht in einer Form vor, die sie für ihre

Verwendung im Organismus spezialisiert (zum Beispiel als Hautzelle oder Leberzelle), sondern ihre spätere Verwendung ist noch offen. Aus Stammzellen können also durch Teilung weitere Stammzellen oder ausdifferenzierte Zellen hervorgehen.

Es gibt 2 Formen von Stammzellen: embryonale Stammzellen (ES-Zellen) und adulte Stammzellen.

Embryonale Stammzellen werden aus menschlichen Embryonen gewonnen.

Adulte Stammzellen entstehen nach dem embryonalen Stadium: Aus diesen Zellen werden während der Lebensphase des Organismus spezialisierte Zellen gebildet. Adulte Stammzellen, die in Organen (besonders im Knochenmark, aber auch im Fettgewebe, in der Nabelschnur und im Nabelschnurblut, im Gehirn, der Leber oder der Bauchspeicheldrüse), zu finden sind, können sich aber nicht so frei spezialisieren wie embryonale Stammzellen und sind letzteren hinsichtlich ihres Differenzierungspotentials unterlegen.

Adulte Stammzellen haben schon vielen Patienten geholfen. Es gibt etablierte Verfahren zur Behandlung von Leukämie (Blutkrebs) und zum Ersatz von verbrannter Haut oder zum Neuaufbau von geschädigtem Knorpel und Knochen.

Vielversprechende klinische Versuche gibt es auf dem Feld des Herzinfarkts und sogar schon bei Erkrankung des zentralen Nervensystems wie Parkinson.

Therapeutisches Klonen

Dabei wird im Reagenzglas ein Embryo erzeugt, dessen Zellen die genetischen Eigenschaften eines Kranken haben. (4)

Weiterführende Literatur

(1) Den Konsens verlassen
aus Frankfurter Allgemeine Zeitung, 14.06.2005, Nr. 135, S. 8

(2) www.wikipedia.de
aus Frankfurter Allgemeine Zeitung, 14.06.2005, Nr. 135, S. 8

(3) FDP will das therapeutische Klonen in Deutschland erlauben Schwarz-gelbe Differenzen bei Stammzellen
aus DIE WELT, 10.06.2005, Nr. 133, S. 4

(4) Kanzler prescht bei Forschung an Stammzellen vor Schröder tritt Streit zwischen Unionsparteien und FDP los

aus Financial Times Deutschland vom 15.06.2005, Seite 1

(5) Dr. gen. Gerhard Schröder
aus Süddeutsche Zeitung, 15.06.2005, Ausgabe Deutschland, S. 4

(6) Stammzellreinigung
aus Frankfurter Allgemeine Zeitung, 13.06.2005, Nr. 134, S. 30

(7) Forscher in Fesseln Bei der Entwicklung von Therapien mit embryonalen Stammzellen behindern restriktive Gesetze die Forschung in Deutschland. Jetzt sollen die Regelungen liberalisiert werden - um den riesigen Zukunftsmarkt zu erschließen
aus DIE WELT, 15.06.2005, Nr. 137, S. 3

(8) Referendum über künstliche Befruchtung in Italien gescheitert
aus Frankfurter Allgemeine Zeitung, 14.06.2005, Nr. 135, S. 6

(9) Endlich klare bioethische Fronten
aus DIE WELT, 15.06.2005, Nr. 137, S. 14

(10) Schröder für "Forschung ohne Fesseln"
aus Frankfurter Allgemeine Zeitung, 15.06.2005, Nr. 136, S. 1

(11) Künast gegen Lockerung der Regeln in der Stammzellenforschung
aus DIE WELT, 16.06.2005, Nr. 138, S. 4

(12) Schröder will Genforschung liberalisieren "Den Anschluß nicht verpassen" - Grüne: "Kannibalismus" aus DIE WELT, 15.06.2005, Nr. 137, S. 1

(13) Schröder fordert Forschung "ohne Fesseln" aus Süddeutsche Zeitung, 15.06.2005, Ausgabe Deutschland, S. 1

(14) Wir sind nun einmal eine Wucherspezies aus Süddeutsche Zeitung, 16.06.2005, Ausgabe Deutschland, S. 15

(15) Becker, Markus, Schröders Stammzellen-Vorstoß löst Empörung aus, www.spiegel.de aus Süddeutsche Zeitung, 16.06.2005, Ausgabe Deutschland, S. 15

(16) "Schröder spaltet die SPD" aus Süddeutsche Zeitung, 16.06.2005, Ausgabe Deutschland, S. 8

(17) Eher wird ein Baby geklont als ein Kranker geheilt aus Frankfurter Allgemeine Zeitung, 16.06.2005, Nr. 137, S. 8

(18) Forscher mit Glückssträhne aus Frankfurter Allgemeine Zeitung, 11.06.2005, Nr. 133, S. 17

(19) http://www.br-online.de/wissen-bildung/thema/stammzellen/gesetz.xml aus Frankfurter Allgemeine Zeitung, 11.06.2005, Nr.

133, S. 17

(20) Stammzellen von Kranken geklont
aus netzeitung.de vom 19.05.2005

(21) Volksabstimmung
aus Frankfurter Allgemeine Zeitung, 14.06.2005, Nr. 135, S. 1

(22) Italien diskutiert nach Referendum über den Einfluss des Vatikans Kampagne der Kirche bringt Bioethik-Volksabstimmung zum Scheitern · Liberale Gruppen fordern einfachere Regeln bei künstlicher Befruchtung
aus Financial Times Deutschland vom 14.06.2005, Seite 16

(23) Bioethik-Referendum in Italien gescheitert
aus Süddeutsche Zeitung, 14.06.2005, Ausgabe Deutschland, S. 8

(24) Geringes Interesse an Referendum zur Bioethik in Italien
aus DIE WELT, 13.06.2005, Nr. 135, S. 5

(25) Referendum zu Bioethik spaltet Kirche und Wähler in Italien Benedikt XVI. stößt Wertedebatte weiter an
aus DIE WELT, 11.06.2005, Nr. 134, S. 5

(26) Mobilisierungstest
aus Frankfurter Allgemeine Zeitung, 10.06.2005, Nr. 132, S. 31

(27) Zank über künstliche Befruchtung spaltet Italien aus Süddeutsche Zeitung, 11.06.2005, Ausgabe Deutschland, S. 7

(28) Amgen prüft Einstieg ins Geschäft mit Stammzellen Weltgrößter Biotech-Konzern zeigt Interesse an medizinischem Zukunftsmarkt · FTD-Interview mit Forschungschef Roger Perlmutter aus Financial Times Deutschland vom 10.06.2005, Seite 8

Impressum

Stammzellen - Wahlkampfthema in Deutschland und Italien

Bibliografische Information der deutschen Nationalbibliothek

Die Deutsche Nationalbibliothek verzeichnet diese Publikation in der deutschen Nationalbibliografie; detaillierte bibliografische Daten sind im Internet über http://dnb.d-nb.de abrufbar.

ISBN: 978-3-7379-2723-9

oder ähnliche Einrichtungen und die Einspeicherung und Verarbeitung in elektronischen Systemen.

Inhalt

Branchenreport MASCHINEN- UND ANLAGENBAU Ausgabe 2/2014

GENIOS BranchenWissen Nr. 11 vom 17.11.2014

Branchenreport MASCHINEN- UND ANLAGENBAU Ausgabe 2/2014

Robert Reuter

Kernthesen

- Nach einem schwächeren Jahr 2013 hatte der deutsche Maschinen- und Anlagenbau in das laufende Jahr besonders große Hoffnungen gesetzt. Die zum Jahresanfang erwarteten Zuwachsraten werden jedoch nicht erreicht.
- Das anvisierte Umsatzwachstum von drei Prozent ist auf zwei Prozent zurückgenommen worden. Das Produktionsplus wurde von prognostizierten drei Prozent auf nur noch ein Prozent

gekappt.

- Trotz der Wachstumsverlangsamung wird die Branche in diesem Jahr einen neuen Umsatzrekord aufstellen.
- Die erfolgsverwöhnten Hersteller von Landmaschinen müssen in diesem Jahr kleinere Brötchen backen.
- Die Druck- und die deutsche Stahlindustie melden für 2014 indessen nach etlichen Verlustjahren erstmals wieder auskömmlichere Geschäftsergebnisse.

Beitrag

Der deutsche Maschinen- und Anlagenbau

Der erfolgsverwöhnte deutsche Maschinen- und Anlagenbau hat 2013 erstmals seit der Finanzkrise einen kleinen Rückschlag erlitten. Statt der prognostizierten Umsatzsteigerung schnitten die Unternehmen 2013 sogar etwas schlechter ab als im Jahr davor. 207 Milliarden Euro betrug der Branchenumsatz 2012, 206 Milliarden Euro waren es im Jahr 2013. In das laufende Geschäftsjahr hatte der Maschinenbau zum Jahresanfang daher einige

Hoffnungen gesetzt, die sich infolge der Ukrainekrise und der konjunkturellen Eintrübung jedoch kaum noch erreichen lassen. Anvisiert war für 2014 ein Umsatzzuwachs um drei Prozent, der vor kurzem jedoch auf nur noch plus zwei Prozent zurückgenommen wurde. Auch dieses geringere Wachstum würde freilich zur Folge haben, dass der Maschinenbau den alten Umsatzrekord aus dem letzten Vorkrisenjahr 2008 erstmals wieder reißen würde.

Der angenommene Umsatzzuwachs um zwei Prozent basiert auf einem prognostizierten Produktionsplus von einem Prozent. Selbst diese vorsichtige Schätzung steht allerdings unter Vorbehalt, denn die Produktion hat in den ersten acht Monaten auf dem Niveau des Vorjahres stagniert. Im dritten Quartal mehrten sich allerdings die Anzeichen, dass der Maschinenbau eine Jahres-Endrallye hinlegen könnte. So stiegen die Auftragseingänge zwischen Juli und September gegenüber dem Vorjahreswert um sechs Prozent aus dem Ausland und um ein Prozent auf dem Binnenmarkt. Von Juni bis August legten die Orders sowohl aus dem Ausland wie im Inland um jeweils drei Prozent zu. Zumindest beim Bestelleingang verfügt der Maschinenbau damit über ein Polster, das den erhofften Produktionszuwachs doch noch ermöglichen könnte.

2014 ist damit nicht ganz das Erfolgsjahr geworden,

das die Branchenvertreter vor elf Monaten erwartet haben. Schlecht steht der Maschinenbau deshalb jedoch noch lange nicht da. So wird die Branche dieses Jahr nur im schlechtesten Fall auf dem hohen Niveau der Vorjahre stagnieren. Wahrscheinlicher ist indessen eine Umsatzsteigerung auf 210 Milliarden Euro, womit die Unternehmen ein neues Allzeit-Hoch erreichen würden. Für das kommende Jahr erwartet der Verband Deutscher Maschinen- und Anlagenbau (VDMA) ein Umsatzplus von etwa drei Prozent und damit wieder einen neuen Umsatzrekord, der dann bei 216 Milliarden Euro liegen würde. (1), (2), (6), [Abb. 1], [Abb. 2]

Beschäftigung

Auch die Zahl der Beschäftigten zeigt die hervorragende Verfassung des deutschen Maschinenbaus. Diese lag im Frühsommer dieses Jahres erstmals wieder über der magischen Marke von einer Million Beschäftigten. Die Steigerung von Juli auf August betrug noch einmal 1,8 Prozent oder 18 000 Personen, so dass im Sommer 1,08 Millionen Menschen im Maschinenbau arbeiteten. Das letzte Mal waren im Jahr 1993 über eine Million Menschen im Maschinen- und Anlagenbau beschäftigt. (3)

Weltweiter Maschinenmarkt

Das weltweit größte Herstellerland für Maschinen ist China, das über einen Weltmarktanteil von 34 Prozent verfügt. Das globale Volumen des Maschinenmarkts beträgt 2,2 Billionen Euro. Zweitgrößter Hersteller sind die USA mit einem Marktanteil von 15 Prozent, danach folgt Deutschland mit elf Prozent. Darüber hinaus ist Deutschland Exportweltmeister für Maschinenerzeugnisse. 2012 hatten deutsche Hersteller am weltweiten Exportmarkt einen Anteil von 16,1 Prozent, gefolgt von China und den USA. (4)

Export

Da die deutschen Hersteller über drei Viertel ihrer Erzeugnisse exportieren (Exportquote 2013: 75,7 Prozent), sind sie von den Entwicklungen fremder Märkte in besonderem Maße abhängig. Derzeit wirkt sich die verlangsamende Dynamik auf dem wichtigsten Exportmarkt, der Volksrepublik China, darum deutlich negativ auf die Gesamtausfuhren aus. So lag das Exportvolumen in den ersten acht Monaten dieses Jahres mit 87,7 Milliarden Euro rund 500 Millionen Euro unter dem des Vorjahres. Neben der Eintrübung in China, das dem deutschen

Maschinenbau jahrelang traumhafte Steigerungsraten ermöglichte, wirken zunehmend auch die Ukrainekrise und die Sanktionen im Handel mit Russland hemmend auf die deutschen Ausfuhren. Nach Angaben des VDMA beliefen sich die direkten Lieferausfälle nach Russland im ersten Halbjahr auf 20 Prozent. Die Ausfälle wiegen besonders schwer, da sich Russland in den letzten Jahren zum viertwichtigsten Abnehmerland für deutsche Maschinen entwickelt hat. Auf den ersten Plätzen rangieren nach wie vor China, die USA und Frankreich.

Gleichwohl sind deutsche Maschinen im Ausland heiß begehrt. Dies zeigte in diesem Jahr insbesondere das dritte Quartal, das den deutschen Herstellern um sechs Prozent höhere Auslandsbestellungen als im Vorjahreszeitraum bescherte. Zwischen Mai und Juli 2014 betrug das Plus bei den Auslandsorders vier Prozent. Schwer taten sich die Exporteure indessen am Jahresanfang. So sanken die Auslandsbestellungen zwischen Februar und April um sieben Prozent, was durch ein gleichzeitiges Orderwachstum aus dem Inland, das bei fünf Prozent lag, jedoch gemildert werden konnte. (5)

Binnenmarkt

Auch insgesamt lässt sich feststellen, dass der

Heimatmarkt des deutschen Maschinenbaus 2014 manche Delle des Außenhandels abfedert. So sanken die Auslandsorders bei isolierter Betrachtung im April um vier Prozent, während das Inland acht Prozent mehr Maschinen bestellte als im Vorjahresmonat. Zwischen Mai und Juli drehte sich das Verhältnis wieder um. Hier stiegen die Auslandsbestellungen, nämlich um vier Prozent, während aus dem Inland zwei Prozent weniger Aufträge kamen. Im August zeigte sich dann wieder der Heimatmarkt als die verlässlichere Stütze. Hier stiegen die Inlandsaufträge um satte 19 Prozent, während die Auslandsaufträge bei minus neun Prozent lagen. (6)

Ausgewählte Sparten des Maschinenbaus

Werkzeugmaschinenbau

Der Werkzeugmaschinenbau weist schon seit Jahren meist noch höhere Wachstumszahlen aus als der Gesamtmaschinenbau. Dies war auch im vergangenen Jahr der Fall, als der Werkzeugmaschinenbau mit plus zwei Prozent doppelt so stark zulegte wie die Gesamtbranche. Im laufenden Geschäftsjahr wird die Teilbranche ihre herausgehobene Stellung erneut bestätigen. Während der Maschinenbau insgesamt mit einem Produktionsplus von einem Prozent rechnet, sind es bei den Werkzeugmaschinenherstellern drei Prozent. Dass die Prognose tatsächlich eintritt, ist dem überaus hohen Bestelleingang aus dem ersten Halbjahr zu verdanken. Die höchsten Orderzuwächse kamen dabei, wie schon für den Gesamtmaschinenbau zu beobachten, mehr aus dem In- als aus dem Ausland. So wuchsen die Inlandsorders in den ersten beiden Quartalen um beachtliche 18 Prozent, während die Auslandsbestellungen nur um ein Prozent zulegten.

Zugleich verzeichnet der Werkzeugmaschinenbau eine Verschiebung des Absatzes zurück in die Eurozone, die im zweiten Quartal 13 Prozent mehr deutsche Werkzeugmaschinen bestellte als im Vorjahreszeitraum. Deutliche Bremsspuren zeigten indessen die Märkte in China, Südkorea und Indien. Für das zweite Halbjahr ist die Teilbranche jedoch optimistisch, dass es zwischen Inlands- und Auslandsnachfrage zu einem Rollentausch kommt. (7)

Druckmaschinenbau

Endlich einmal bessere Nachrichten kommen von der seit Jahren gebeutelten Druckmaschinenindustrie. Richtig gut stehen die Unternehmen gleichwohl immer noch nicht da. So freut sich König & Bauer (KBA) darüber, dass nach den ersten sechs Monaten ein Vorsteuerverlust von nur 100 000 Euro zu Buche stand. Wie schlecht es dem Unternehmen normalerweise geht, zeigte das erste Quartal. Hier entstand noch ein Vorsteuerverlust von zwölf Millionen Euro, der durch das starke zweite Quartal jedoch fast wieder wettgemacht werden konnte. Sollte sich der Trend bestätigen, könnte König & Bauer demnächst wieder in die Gewinnzone einrücken. Für 2014 hat sich das Unternehmen zunächst einmal das Ziel gesetzt, ein ausgeglichenes Ergebnis zu liefern - also eine schwarze Null.

Bereits in die schwarzen Zahlen zurückgekehrt ist der Weltmarktführer Heidelberger Druckmaschinen. Das Unternehmen hat im vergangenen Geschäftsjahr - das bei Heidelberg am 31. März endet - einen Gewinn von vier Millionen Euro erwirtschaftet. Dies allerdings zu einem hohen Preis: Heidelberg ist seit Jahren dabei, sich wegen der ausbleibenden Absatzzuwächse gesundzuschrumpfen. Von den ehedem 20 000 Mitarbeitern sind jetzt nur 12 000 da, und weitere Entlassungen sind schon in Planung. Gleichwohl trägt der harte Sanierungskurs des seit zwei Jahren amtierenden Vorstandsvorsitzenden Gerold Linzbach mit dem positiven Abschluss des letzten Geschäftsjahres erstmalig Früchte. Ob sich das Ergebnis im Geschäftsjahr 2014/2015 halten lässt, ist indessen fraglich. Bisher verzeichnete Heidelberg um 14 Prozent gesunkene Erlöse, was insbesondere auf die Investitionszurückhaltung chinesischer Besteller zurückzuführen ist.

Das Manroland-Nachfolgeunternehmen Manroland Web Systems ist ebenfalls mehr mit der eigenen Kostenstruktur befasst als mit der Marktbearbeitung. Geplant sind weitere Umstrukturierungsnahmen, Lohnkürzungen und die Entlassung von 250 Mitarbeitern. Dennoch gibt das Unternehmen an, auf vollen Auftragsbüchern zu sitzen und schwarze Zahlen zu produzieren.

Der zweite Manroland-Nachfolger, Manroland sheetfed, erzielt bereits das zweite Jahr in Folge positive Ergebnisse. Auch hier bedeutet dies freilich, dass man sich über eine schwarze Null freut - hohe Gewinne hingegen gibt es nicht zu vermelden. (8), (9)

Landmaschinenbau

Wie der Werkzeugmaschinenbau hat auch die Landtechnik in den vergangenen Jahren Zuwächse erzielt, die über dem Branchendurchschnitt lagen. Damit ist es 2014 jedoch vorerst vorbei. Derzeit sieht es so aus, dass die Landtechnik in diesem Jahr - nach einem Gesamtumsatz von 8,4 Milliarden Euro 2013 - auf 8,1 Milliarden Euro zurückfällt. Der

Umsatzrückgang kommt allerdings nicht überraschend, denn die Vorzeichen für einen Rückgang des weltweiten Markts für Landmaschinen verdichten sich schon seit dem letzten Jahr. Nach Schätzungen von Experten wird die weltweite Landtechnikbranche in diesem Jahr um drei bis fünf Prozent schrumpfen; im vergangenen Jahr stand noch ein Plus von sieben Prozent zu Buche.

Zu der ohnehin nachlassenden weltweiten Nachfrage kommt noch die Ukrainekrise, die die deutschen Landmaschinenhersteller besonders harsch trifft. Schon in den ersten drei Monaten sanken die Ausfuhren nach Russland um satte 39 Prozent. Der Rückgang ist besonders bedeutsam, da Russland in den letzten Jahren zum viertwichtigsten Exportmarkt der deutschen Hersteller von Landmaschinen und Traktoren herangewachsen ist. Die Exporte in die Ukraine schrumpften um 36 Prozent, nach Weißrussland gingen sogar 82 Prozent weniger Landmaschinen. Besorgt ist die Branche angesichts der Rückgänge jedoch nicht. Viel mehr sehen die Branchenvertreter die derzeitige Marktsituation als willkommene Verschnaufpause. (10), [Abb. 3]

Großanlagenbau

Der deutsche Großanlagenbau blickt auf ein gutes Jahr 2013 zurück. Die Auftragssumme belief sich auf

21,2 Milliarden Euro und lag damit um drei Prozent höher als im Vorjahr. Für 2014 rechnet die Branche, die rund 80 Prozent ihrer Bestellungen aus dem Ausland erhält, mit einem Wachstum bestenfalls in vergleichbarer Höhe. Auch eine Stagnation auf dem Niveau von 2013 ist jedoch möglich. Zufrieden sind die Anlagenbauer daher nicht. Insgesamt verbucht die Branche heute ein Drittel weniger Aufträge als noch vor fünf Jahren. Der Grund dafür ist das starke Aufkommen südkoreanischer und chinesischer Anbieter. Der Konkurrenzdruck aus Korea lässt derzeit allerdings etwas nach, weil sich die Anbieter mit ihrer aggressiven Preisstrategie mehrfach verkalkuliert haben. Gleichwohl drängen die asiatischen Konkurrenten die deutschen Anbieter immer mehr dazu, für ihre Großprojekte wieder die Gesamtverantwortung zu übernehmen, was in den letzten Jahren so nicht mehr der Fall war. Positiv zu vermerken sind die steigenden Auftragszahlen aus den USA, die im Zuge des Schiefergasbooms dazu übergehen, sich auch insgesamt wieder zu re-industrialisieren. Auch aus den europäischen Krisenländern gehen wieder Bestellungen ein. (11), (16)

Stahl- und metallverarbeitende Industrie

Die weltweite und die europäische Stahlindustrie hat ein Grundproblem - nämlich die gewaltigen Überkapazitäten. Dies gilt auch für die deutschen Stahlkocher. ThyssenKrupp, Arcelor Mittal und Salzgitter produzieren in Deutschland heute immer noch 30 Prozent weniger Stahl als vor der Finanzkrise, haben die brachliegenden Kapazitäten aber kaum abgebaut. Hinzu kommt der Aufstieg Chinas zum größten Stahlanbieter der Welt. Das Reich der Mitte überschwemmt die Märkte seit Jahren mit Billigstahl, verfügt aber ebenfalls über weit größere Kapazitäten, als es der Markt erlaubt.

2013 verzeichneten die deutschen Erzeuger - wie schon 2012 - einen Rückgang bei der erzeugten Stahlmenge. Der Ausstoß sank um 500 000 Tonnen von 42,7 Millionen Tonnen im Jahr 2012 auf 42,2 Millionen Tonnen. Branchenfachleute gehen davon aus, dass die Stahlproduktion in Europa bis 2030 um 30 bis 50 Prozent zurückgehen wird. Aktuell ist Deutschland mit rund 43 Millionen Tonnen nach wie vor der größte Stahlerzeuger in der Europäischen Union.

Trotz der schlechten Grundbedingungen gibt es aus dem deutschen Stahlsektor aber auch positive Nachrichten zu vermelden. So hat die Wirtschaftsvereinigung Stahl für 2014 erstmals seit drei Jahren einen steigenden Stahlausstoß prognostiziert, der gegenüber 2013 bei plus drei

Prozent liegen soll. Arcelor Mittal und ThyssenKrupp sollen schon dieses Jahr in die Gewinnzone zurückkehren, bei Salzgitter ist der Turnaround für das nächste Jahr anvisiert. Noch im vergangenen Jahr hatte Salzgitter mit einem Verlust von 500 000 Euro ein katastrophales Ergebnis vorgelegt. Im ersten Halbjahr 2014 indessen konnte der Konzern sogar einen Vorsteuergewinn ausweisen, der mit 40 Millionen Euro sogar recht ansehnlich ausfiel. ThyssenKrupp hat in den letzten zwei Jahren sage und schreibe sechs Milliarden Euro verloren und rechnet für 2014 mit einem Gewinn von 1,2 Milliarden Euro vor Zinsen und Steuern. (12), (13), (14), (15)

Trends

Chinas Anbieter nehmen Europa ins Visier

Die Maschinenbauer aus dem Reich der Mitte haben sich bisher bevorzugt um die Märkte in Asien gekümmert, wollen jetzt aber auch nach Europa ausgreifen. Mehr als die Hälfte der chinesischen Unternehmen will seine Exportaktivitäten in den nächsten fünf Jahren gezielt ausbauen. Schon ab dem nächsten Jahr sollen Europa und die USA in Angriff genommen werden. Für die deutschen und europäischen Hersteller könnte sich die Exportoffensive zu einer handfesten Bedrohung entwickeln, denn die Anbieter aus China haben bei preisgünstigen Low-Tech-Produkten die Nase vorn. Schon seit Jahren mahnt der VDMA darum an, auch Maschinen aus dem mittleren Preis- und Technologiesegment zu entwickeln. Entwarnung gibt der Dachverband allerdings hinsichtlich der Möglichkeiten Chinas, die deutschen Hersteller auch im High-End-Bereich unter Druck zu setzen. Hier sei der Abstand zur technologischen Marktführerschaft der deutschen Anbieter immer noch sehr groß. (17)

Branchenanalysten sehen Wachstumschancen

Nach einer Marktanalyse der Commerzbank eröffnen sich den deutschen Maschinenherstellern prinzipiell sehr gute Zukunftsperspektiven. Der Fokus liegt dabei nicht mehr so stark auf der Entwicklung des bisherigen Hauptumsatzbringers China, sondern auf Europa, den USA und Deutschland selbst. Insbesondere ist es die Aussicht auf eine konjunkturelle Belebung des nun seit Jahren stagnierenden Euro-Raums, die die Experten optimistisch stimmt. In der Tat wird in den nächsten Jahren mit einer Erholung Frankreichs, Spaniens und

Italiens zu rechnen sein, was in der Folge zu höheren Investitionen führen und den deutschen Herstellern Aufträge verschaffen wird. Auch die Analysten der Commerzbank sehen freilich besonders hohes Potenzial im Bereich preisgünstiger Maschinen mit weniger Technik. (2)

Zahlen & Fakten

Abbildung 1: Verlangsamtes Wachstumstempo

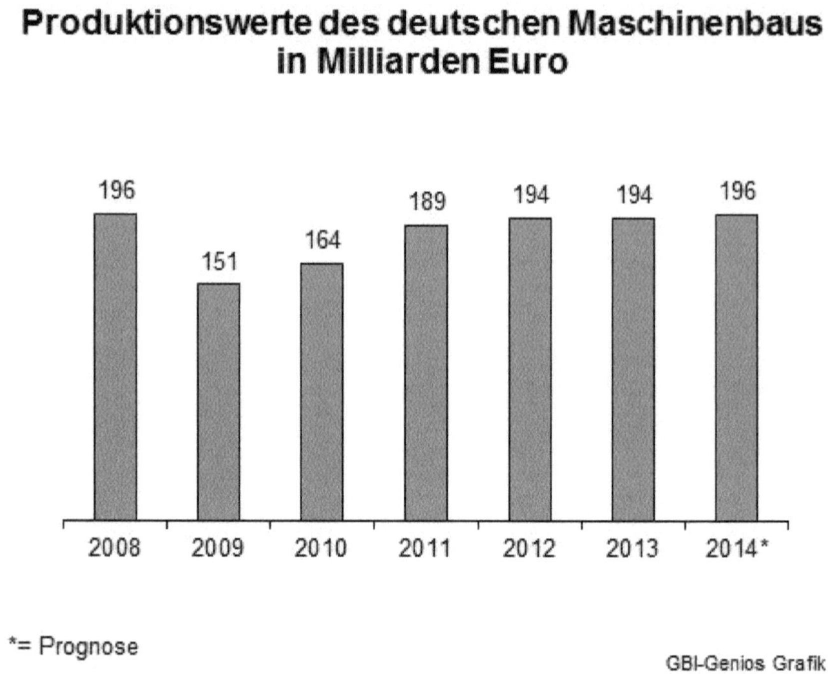

Quelle: Destatis / VDMA / Eigene Recherchen
Entnommen aus: Börsen-Zeitung, 08.04.2014, Nr. 68, S. 13

Abbildung 2: Erster Rekordwert seit der Finanzkrise

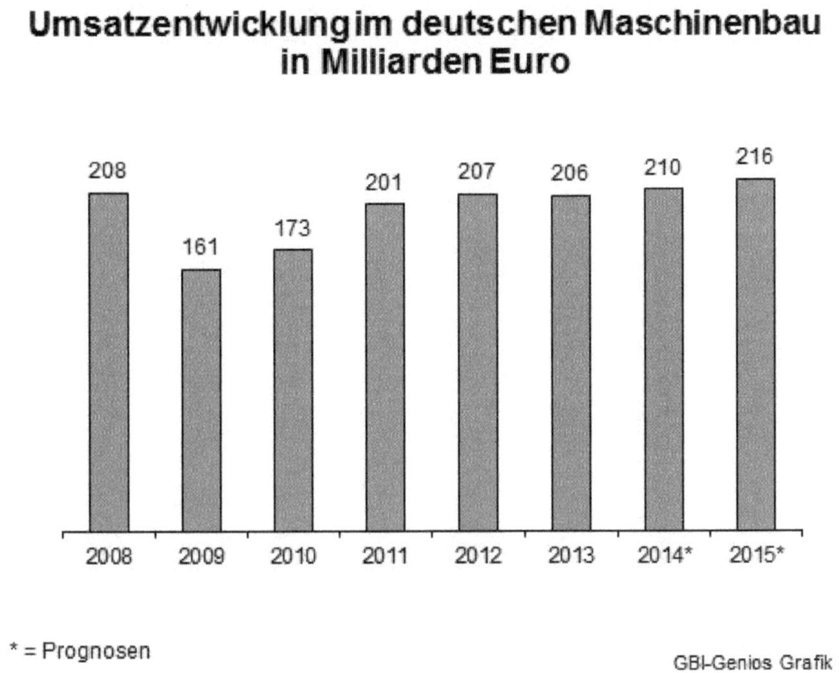

Quelle: VDMA Entnommen aus: Börsenzeitung, 22.10.2014, Nr. 202, S. 8

Abbildung 3: Ukrainekrise schlägt ins Kontor

Quelle: VDMA Entnommen aus: Landtechnik - Branchenumsatz aktuell, 12.05.2014, S. 3

Weiterführende Literatur

(1) Erholung nach Flaute Auslands-Großaufträge beflügeln Maschinenbau
aus Handelsblatt online vom 03.11.2014

(2) Maschinenbau-Report: Weiter bergauf dank Emerging Markets, Midtech und Afrika
aus Produktion, Heft 44/2014, S. 6

(3) Ingenieure sind in jedem Szenario die Gewinner
aus VDI NR. 43 VOM 24.10.2014 SEITE 17

(4) Skepsis statt Euphorie
aus Handelsblatt Nr. 203 vom 22.10.2014 Seite 005

(5) Maschinenbau gibt sich zuversichtlich Umsatz und Gewinnmarge steigen - Schweizer Konkurrenten profitieren von Russland-Sanktionen
aus Börsen-Zeitung, 22.10.2014, Nummer 202, Seite 8

(6) VDMA Stagnierender Maschinenbau hofft auf 2015
aus www.maschinenmarkt.de vom 01.10.2014

(7) Werkzeugmaschinenbauer bleiben mit Hightech und Service auf Erfolgskurs
aus VDI NR. 37 VOM 12.09.2014 SEITE 12

(8) Koenig & Bauer robbt sich an die Gewinnschwelle ran Druckmaschinenhersteller profitiert von Nachfrage nach Banknoten- und Kennzeichnungsmaschinen
aus Börsen-Zeitung, 13.08.2014, Nummer 153, Seite 11

(9) Mühsamer Weg aus dem Tal
aus Frankfurter Allgemeine Zeitung, 14.08.2014, Nr. 187, S. 19

(10) Geschäfte mit Russland brechen ein
aus agrarzeitung 32 vom 08.08.2014 Seite 006

(11) Nadelöhr Transport

aus DVZ, Nr. BSGT vom 12.10.2014

(12) Warnsignale aus der Stahlindustrie
aus VDI NR. 41 VOM 10.10.2014 SEITE 1

(13) Stahlindustrie benötigt neue Ansätze für ihre Erholung
aus BLECHNET Nr. 005 vom 06.10.2014

(14) Lichtblick im Stahlgeschäft Salzgitter Überkapazitäten und Dumpingpreise chinesischer Hersteller haben Europas Stahlindustrie schwer zugesetzt. Doch jetzt besteht Hoffnung auf eine Trendwende
aus Euro am Sonntag, 30.08.2014, Nr. 35, S. 24 - 25

(15) Stahl kommt in Form Metallindustrie Drei Jahre dauert die Flaute der europäischen Stahlunternehmen. Der Staub lichtet sich, die ersten Konzerne schreiben Gewinne. Welche Aktien lohnen
aus Euro am Sonntag, 27.09.2014, Nr. 39, S. 20 - 21

(16) Größe ist im Anlagenbau Trumpf Chinesen dürften in drei Jahren auf Europas Märkte drängen - Etablierte Anbieter müssen kooperieren
aus Börsen-Zeitung, 03.07.2014, Nummer 124, Seite 8

(17) VDMA Studie China sagt deutschen Maschinenbauern den Kampf an
aus www.elektrotechnik.de vom 21.02.2014

Impressum

Branchenreport MASCHINEN- UND ANLAGENBAU Ausgabe 2/2014

Bibliografische Information der deutschen Nationalbibliothek

Die Deutsche Nationalbibliothek verzeichnet diese Publikation in der deutschen Nationalbibliografie; detaillierte bibliografische Daten sind im Internet über http://dnb.d-nb.de abrufbar.

ISBN: 978-3-7379-5667-3